JN437160

천지연으로 가는 기차

천지연으로 가는 기차

이용균 시집

문학들

시인의 말

내게도 그때로 달려가고픈
그리운 젊은 시절이 있었다.
때론 방황하고
아픈 기억도 있었으나
옛날은 언제나
아름다운 추억으로 내게 다가온다.
그 시절 고맙게도 사라지지 않고 남아 있는
내 오래된 시작詩作 노트에서 추린
치기어린 시편들,
근래 써 두었던 몇 편의 단상,
내 유약한 때론 치열했던 삶의 기록으로 남겨 두고자
이 시집을 낸다.

2015년 6월
진료실 여름이 오는 창가에서 이용균

차례

제2부 언젠가 강릉江陵

제3부 계마리桂馬里 앞바다

제1부 천지연天地淵으로 가는 기차

천지연天地淵으로 가는 기차

푸른 밤
바다로 가는 기차를 타고
은빛 천지연에 내리면
꿈을 찾는 아이들은 시간을 잊은 채
돌아올 줄 모른다

푸른 달빛이 폭포수에
꽃잎처럼 떨어지면
정다운 새들은 향그런 집을 짓고
공작새는 춤을 추고, 봉황은 바위틈에
붉은 알을 품는다

무태장어, 비단잉어 낙하수落下水 기어올라
윤회輪廻의 강물 위로 날아오르고
가지딸기, 꽃치자, 왕벚, 동백나무
담팔수 가지마다
오색꽃을 피워 낸다

폭포 소리 잦아들면 천 길 바위벽엔
구름 걸린 무지개다리
이슬 젖어 내려온다

아이들은 하나둘씩
불로초 꽃이 피는 선계仙界로 들어
별이 되고 달이 되고 하얀 사슴이 되어
영원히 늙지 않는 풍경이 된다

오늘 밤도 은하수 흰 물결 따라
바다로 가는 기차가 유유한 기적을 울리며
달려간다
천지연에 내리는 꿈을 꾸는 아이들은
또 몇이나 될까?
벌써 천지연의 새들은 노래하고
숨어 있는 꽃들은 웃음 짓는다

그해, 온양역

서른 해 전 두려운 여름 해를 뒤로하고
함께한 그날의 약속을 따라
우리는 옛 역사驛舍에 피어 있을
포장마차 어렴풋한 불빛을 그리며
따뜻한 온양의 옛 추억을 찾아나섰다

푸른 새 날아오던 정겨운 역사는
이미 헐려 멀리 사라져 있고
신역新驛의 광장은 이름 모를 꽃들과
반듯한 대리석에 둘러싸인
잘 정제된 정물화로 박제되어 있었다

그해 암울한 시대의 기약 없는 수배자가 되어
떠돌다 우연처럼 온양의 여름 속에 빠져들어
우리는 한 가닥 미련을 남긴 채
7월의 달포를 덧없이 과거 속으로 흘려보냈다

야간 통금 없는 조그만 온천도시의

허술한 자유로움은
탈출구 없는 우리에겐 조금은 희망 같았다
역전 광장의 포장마차 '송악집' 은
우리들의 저녁마다 쉬임 없는 집합소였으며
어쩌다 별다방 '미스 김' 예쁜 얼굴
비추이는 날은 그간의 남루는 빛을 감추고
지치지 않는 여름밤은 짧기만 했다

뜨거운 바람 유혹하는 이상한 한낮에는
천도복숭아 향기 널린
아름다운 신정호수 나룻배를 저었고
안개 내려 여려진 마음 다시 젖는
외로운 오후에는 무심한 현충사 강둑길을
한없이 걸어도 보았으며
불온한 이 세계의 삶에 지쳐
불탈 것 같은 한밤에는 밀물지는 아산만
한걸음에 달려가 소리쳐 울기도 했다

다시 찾은 그 역전, 가까운 선술집에서
한잔 술에 불콰해진 우리는
젊은 파바로티의 '남 몰래 흐르는 눈물' 이
아련히 흘러나오는 '별빛카페' 의 푸른 문을 열고
큰 웃음 웃으며 합창으로 '미스 김' 을 외친다
카페의 여주인은 별처럼 고운 그때의 모습으로
달려 나와 우리를 맞는다

지방대학의 철학교수로
목축가이자 시인으로
중소도시 조그만 병원장으로
우리는 그렇게 다시 만나
은핫물 내리는 푸른 의자에 앉아
지난날을 얘기하며
아쉬운 한 하루를 함께 보냈다

그날 우리는 재회의 기억을
그림 같은 '별빛카페' 에 남겨 두고

알 수 없는 미래의 문 열 수가 없어
그리운 마음 닫지 못한 채
미명未明의 온양 거리를
말없이 돌아서 나왔다

구시포九市浦

매화꽃 여린 가지 동풍에 향기 흩어
때 이른 봄 소식을 알리면
두고 온 한 줄기 행복 찾으러
나는 하늘 맑은 구시포에 간다

꽃 피는 마을 어귀 정자나무집
느티나무는 이미 늙어 가지는 굽어 있고
새잎은 벌써 고목古木 끝에 무르익는다

주홍빛 주꾸미 한 사발에
맑은 소주 푸른 병 하나
홍도화 꽃잎 한 장
술잔에 맺혀
아지랑이 흩어지는 고창성高敞城 하룻낮을
꿈꾸다 온다

그해 갑오년甲午年
해당화 꽃 붉은 명사십리 금모랫벌

제폭구민除暴救民 깃발 아래 녹두장군 말 달리고
고리포 봉수대엔 푸른 연기 피어오른다
백산白山 죽산竹山 들러온 뜨거운 바람은
정자나무 그늘 멀리 밟혀도 쓰러지지 않는
푸르른 들꽃을 들판 가득 피워 올린다

꿈길에도
흘러오는 세월은 막을 수 없고
지나온 삶의 거리는 끝이 없어서
문득 돌아본 세상은 낯설기만 하다

분주한 일상 지나 밭이랑 저편
상하의 치즈공장은 저녁 바람에 졸고
나는 어느새 은밀한 밤을 걸어
가막섬으로 간다

아홉 저자 품는다는 넉넉한 구시포의 밤
거기 푸른 바다 푸른 하늘 고향처럼 날아오는

하얀 갈매기는 아름다운 그 섬에 남아 있었다

그날 희미한 포구浦口의 불빛 아래
내가 찾은 한 가지 행복이었다

봇재의 다원茶園

청명淸明은 벌써 사나흘 지나가고
여우비 낙화落花처럼 흩날리는 계절이
싱그런 손짓을 하면
나는 비췻빛 봄바람 따라
하늘 아래 두 번째로 예뻐 어쩌면 슬픈
한 송이 꽃을 들고
남녘의 다원에 든다

율포의 청해淸海에서 날아온 푸른 바람은
봇재를 넘어 향그런 다원에 머물러
눈부신 풍경을 만들어 낸다

사월의 다원은
갓 지어낸 비단처럼 정녕 푸르고
청아한 향기 가득한 차나무 가지마다
이슬은 알알이 맺혀
빛나는 한 줄기 시냇물이 되고
무심히 감춰진 아름다움을 찾아 나선다

주홍빛 다원의 사잇길로
동자승은 나무바퀴 노란 자전거를 굴리고
다섯 살 아이는 엄마 손을 꼭 잡고
하얀 도화지에 푸른 동화를 그린다
충실한 집사는 옛사랑 주인아씨와
마지막 작별을 나누고
나는 길게 뻗은 쾌활한 삼나무 아래서
가 버린 한 여인을 잠시 추억한다

보성寶城의 그림 같은 하늘에 푸른 달이 걸리면
소릿재를 넘어온 눈 먼 소리꾼의
애끓는 서편제 한마당
늙은 고수의 북장단은 사뭇 휘모리로 넘어가고
마음이 아픈 사람들도 즐거운 사람들도
한껏 시름 아니면 푸념이라도
한 포기씩 내려놓을 때
나는 가져온 한 송이 슬픔의 꽃을

스러지는 저녁 안개 속에
말없이 던져버린다

그래 하나뿐인 사랑을 보냈다고
그리움마저 끊었겠는가?
어렴풋한 기억 속에 아쉽게 사라진
하늘 아래 제일로 예쁜
청량한 꽃을 찾아
나는 다시 분주한 세상 밖으로 나선다

그날 봇재 하늘에 여울진
이름 없는 향기며 산새 소리 물소리를 뒤로 하고
내려다본 푸른 다원은
세월의 그림자 너머 잊을 수 없는
다시 돌아가고픈
그리운 젊은 날의 화원花園이었다

여수의 병원에서

청명淸明의 꽃향기
은나비 날갯짓에
실어오는 날
내 마음 둔덕동 언덕배기
하얀 집에 어느새 와 있구나

옛날의 사람들은 가고 없어도
'오랫만이네'
젊은 원장은 백발이 되었고
'선생님' 하며
수줍게 달려오는 은유의 간호부장

하얀 벚꽃잎 눈송이처럼 날리는
정다운 노을 흘러가는
병원 앞마당
지금 그녀가 처녀처럼 거기 있다
젊은 헵번을 닮아 예뻐
여수의 구슬이라던 여옥麗玉

그날 이슬 젖은 새벽
비 뿌리듯 눈물 가득
헤어지는 뒷모습은
차마 싫었다

꽃 그림자 떨어지는 무술목에서
둘이 보는 은하수는 새롭기만 해
푸른 밤바다에 동백꽃비 내리니
여옥은 벌써 취해
붉은 얼굴 곱기도 하다

아침햇살 맑은 곳에
산다고 했지
우리는 언제 웃으며 다시 만날까?

둔덕동 언덕배기 하얀 집
아직 거기에 여옥은 있다네
아직 그녀는 혼자라네

서울의 달, 해방촌解放村

백팔 개의 이끼 낀 돌계단을 올라
웃음 짓는 보름 저녁을 익숙하게 만나면
우리는 즐거운 약속처럼
행복의 동산 들꽃 피는 언덕으로 달린다

때론
하늘 가운데 유성처럼 흐르다
구름 맞아 멈추는 달
꿈을 따는 아이처럼
시샘하며 좇아나가고
어쩌다
봄 색시 같은 은밀의 마을 넘보다
나뭇가지에 걸린 부끄러운 달
채근하며 달래도 본다

보름 저녁 해방촌의 여름 달은
언제나 저무는 남산 위에서 뜬다
때마다 푸른 산은 달빛 따라 채색되어

커다란 백색의 크리스마스트리가 되고
우리는 한여름에도
캐롤을 노래한다

그 옛날 빛이 나던 낡은 스웨터 공장의 간판에도
정 깊은 달빛은 어려
마음은 더욱 따뜻해지고
북녘 고향 할아버지는
푸른 달빛이 길을 밝혀 주던
지나간 시대를
어제인 듯 그리워한다

달 기다리다 달 보며 늦은 저녁
우리는 다시 졸리운 백팔 계단
돌계단마다 쏟아지는
행운의 달빛을 주워 담으며
수줍게 가슴에 안기는
유혹의 달그늘에
하나둘씩 빠져 들어간다

외할아버지의 편지

어머니의 하늘 밑을
못 잊어 서성거리는
꿈으로 사진으로도 그리지 못한
외할아버지의 마음을
오늘 아버지의 오래된 편지철에서
만나 뵌다

'여아 살펴라
거월去月의 우편으로 보낸
편지는 잘 받아 보았다'

어머니의 아버지
나의 외할아버지
여흥驪興 민閔참봉 어른은
막내 외동딸에게 짧은
안부를 전하신다

'요새 일기 무던한 강추위에

아이들 형제 다리고
금옥金玉 같은 네 일신
어찌 고생하느냐
아니 보아도 다름없다'

열일곱에 시집 가 경성京城에 살고 있는
하루도 차마 잊히지 않는
스물세 살 따님에게 말씀을 하신다

'차此곳 노부老夫는 날마다 책으로 세월을 보낸다
네 조카는 조석으로 잘 보살펴 거두어라'

태평양 전쟁은 숨 돌릴 수 없이
조선을 억누르는데
외할아버지는 한 번도 본 적 없는
외손자의 눈가에 가릴 수 없는
눈물을 주신다

'이달 그믐날 떡국값으로 오 환을 보내니
두었다가 그때에 사용하여라
할 말 많으나 이만 그친다'
– 납월臘月 초오일 노부 서書 –

칠십 몇 년 전 어머니도
어머니의 아버지에게는
이 세상과도 바꿀 수 없는
금옥 같은 애틋한 따님이었다

오늘 곤히 잠들어 있는
열여섯 딸아이를 바라보며
하늘 가신 어머니 생각에
외할아버지 편지의 그날로
말없이 들어가본다

감추려 해도 두 손은 이미 젖어
붉어진 눈시울을 어디에

닦아내야 할지 나는 모르겠다

자식 향한 어버이의 그리움이
지울 수 없는 빛이란 것도
이제야 조금은 알 것만 같다

호이안의 밤

수천 개의 화려한 저녁 꽃잎이
열대의 하늘에 날리면
고색古色의 거리 집집의 처마 끝엔
오색의 꽃등이 일제히 불을 켠다

비췻빛 강물 위로 색칠한 붉은 달이
흔들리며 떠오르면
변방의 작은 마을에는
황홀한 반란이 시작된다
땅 위에는 환희로 이름 짓는
새로운 동화의 나라가 펼쳐지고
투번강은 피안彼岸의 세계로 노를 젓는
순례자들의 천국이 된다

야자수 그림 같은 강마을에
다정한 바람이 일고
흩어지는 남녘의 별빛이 강물에 조을 때면
아메리카를 이긴 조그만 사람들이 사는 나라를

우리는 반추해 낸다

'월남에서 돌아온 김상사' 를 노래 부르며
코끼리 바나나 1달러를 외치는
주름진 이국異國 할머니의 자존심을
우리는 기억한다
승리 없는 전쟁의 아픈 추억 속에
꿈같은 호이안의 하룻밤을
돌아서는 발길은 무거워진다
떠나가는 마음은 아쉬워진다

화개花開에서

아름답도록 푸르른 지리산 한 자락이
아련한 은빛 섬진강 물에 맞닿아
사계절 언제나 꽃이 피는 곳
호리병 속의 별천지
역마驛馬의 회한이 어린
장터 옥화玉花네 주막에 앉아
한잔 꽃술에 몰래 취한다

세상 밖의 아득한
저 쌍계사 십 리 벚꽃길
우리 서로 아파할 때
나를 보며 웃어 주던
그 꽃잎 소리 없이 지던 날
나 미혹未惑의 꽃그늘 지나
영원의 해가 뜨는 전설의 지리산
비밀의 숲 속으로
홀로 걸어가나니

그대여
저무는 섬진강 화개 앞 강물에
붉은 꽃잎 떨어져
외롭게 흘러가거든
약속 없는 헤어짐에
못 잊어 아파하는
내 가슴에 흘러내린
태초의 눈물인 줄
알고 가시라

내 마음의 슬픈 봄날
한 해 뒤의 꽃 피는 세상
그냥 기다리지 못해
흩어져 가슴 앓는
백년토록 가리워진
고독한 내 꿈의 잃어버린 조각이라
전해 주시라

선암사 홍매화紅梅花

선암사 붉은 매화 우련 붉다 하기
남도 삼백 리 길 꿈처럼 달려왔네

이끼 푸른 절집에 봄꽃은 짙어
빛나는 꽃물결에 길을 잃었네

해우소解憂所 들창에도 꽃잎은 열려
가지가지 맺힌 수심 날려보냈네

조계산 봄 물에 꽃 그림자 진다 하기
숨어 있는 꽃가지 하나 던져 놓았네

봄날은 꿈속에 어느덧 졸고
화려한 꽃들의 시절은 짧아

달 푸른 승선교昇仙橋 꽃 지는 저녁
낙화 슬픈 향기 젖어 건넜네

백제의 꿈

계백 장군은 황산벌을 지나
서라벌을 호령한다

소정방은 백강에서 체포되어
오층돌탑의 청소원이 되고
김유신은 탄현 전투에서 투항한 뒤
청해진으로 귀양을 간다

몽촌夢村 하늘에서는 통일 수도는
위례성으로 한다는
백제왕의 불명不明한 포고문이
몇 장 토성 바닥에 뚝뚝 떨어진다

그날 백제 가는 길
꿈을 꾸는 사람들은
모두 사라져 버리고
멀리 한강의 불빛 하나
흩어진 백제 꿈 따라
내 마음 흔들고 간다

충장로忠壯路에서

한낮의 분주함이 흐르듯 지나가고
서석대瑞石臺의 달그림자
이 거리에 드리우면
우체국 계단에는
정물처럼 기대어 선
외로운 가로등 하나

진달래 빛 자각들이 밀려오고
붉은 나팔 소리
졸리운 가로등을 깨우면
백 마리 천 마리 만 마리의
하얀 비둘기
저무는 광주천을 넘어 극락강으로
영산강을 지나 다도해를 넘어
먼 곳 태평양으로
푸른 꿈 흩어가며 가고 또 간다

거기 정의와 평등이

꿈처럼 화분花粉처럼
햇빛 되어 흘러가는
영원의 나라로 가고 또 간다

백운동白雲洞

은둔의 사람들이 하나둘씩
비밀의 땅을 처음 찾아오던 날

돌담 아래 백매오百梅塢* 가지마다
분주한 꽃등이 열리고
월출산 은빛 달은 홍옥담紅玉潭** 고운 물에
그림 같았다

홀연 동백꽃 잎은 옛 못에 사라져
일제히 붉은 연꽃으로 피어나고
창하벽蒼霞壁*** 푸른 바위 틈에선
경이의 천년학이 날아올랐다

그리하여 비밀과 경이의 숲에 문이 열리고
가까이에 있는 선한 사람들과
멀리에 있는 지혜로운 사람들이
다시 꿈을 찾아 돌아오던 날

다산茶山은, 초의草衣는
옛날을 걸어 나와
여기 아름다운 백운동의
역사가 되었다

* 집 둘레 바위 언덕에 심은 1백 그루의 홍매화.
** 창하벽 옆 폭포 아래 작은 못.
*** 계곡을 걸어 별서로 들어설 때 집 앞을 막고 선 푸른 절벽.

한남역漢南驛에서

세월이 흔들리며 지나가도
바람 이는 한강교 밑엔
푸른 물결 지치지 않고
역전 카페엔 이방인의 외제 사투리
6월의 나른한 오후를 깨운다

땅 그늘 짙어오면
두 칸짜리 낡은 석탄차는
플랫폼에 희미한 그림자를 남기고
저녁 안개 흐르는 강물 아래로 침잠한다

그믐달은 산을 넘고
청량리행 마지막 밤기차가 흰 연기를 달고
돌아나가 버리면
강변의 하얀 역사는 나에게 어울리지 않는다

새벽은 아직 멀었는데
나의 영혼을 실은 기차는 벌써

호남선 멀리 박꽃 피는 내 고향
은빛 들판으로 달리고 있다

여름의 강 너머 화려한 불빛도
차츰 가벼워질 때 나는
옛 추억의 그림자 짙은 한남역에서
외로운 사람들에게 편지를 쓴다

내일은 비가 오려나
저 건너 왕십리 하늘에
아득한 달무리 진다

봄 꿈

교회당 첨탑 위엔 노란 별이 뚝뚝
시골집 들창에는 외로운 초롱불 하나
밤늦은 전봇대 아래 천사의 아기 하나
포근한 눈길을 걸어갑니다

멀리 산마루엔 꽃달이 하나 둥실
산수유 수선화 아기진달래 가득 싣고
모두 모여 정담을 나눕니다

아기는 꿈길을 걸어 은하수로 갑니다
은하의 강물에는 하얀 꽃대 하나
내려옵니다

노란 별 하나 달려가
초롱불 하나 올라가
하얀 꽃대를 밝히면

화가의 마을에는 일제히 봄이 터집니다

아기는 꽃달을 타고
화안한 봄으로 들어갑니다

담양의 장날

마음이 허전한 날은
그곳에 간다
관방제림 느티나무 아래
마주 앉아서
뚝방국수 한 그릇에 댓잎 찐계란
새봄의 장터 인정 너무 부러워
시샘하는 추위는 밀려나간다

윗장터 삿갓전은 가고 없어도
풀잎 돋는 강 언덕엔 사람이 가득
복실강아지 아기토끼 새끼오리들
3월의 봄바람에 장구경 나온다

추월산 꼭대기에 붉은 해 걸리면
정 많은 사람들은 서둘러 인사하며
집으로 간다
오늘은 3월 7일 담양의 장날
포근한 강바람에 마음은 풀려

아름다운 청댓닢 바라보면서
다시 오는 그날을 기다려본다

은일隱逸의 연인

무화과처럼 붉은 마음 곱게 감추고
웃고 돌아서는 두 눈엔 푸른 샘
알록달록 복숭아 꽃잎
수줍게 두 볼에 흘러내리면
화안한 얼굴 그녀가
섬처럼 피어오른다

무지갯빛 가슴에는 칠색의 정원
빛나는 머릿결엔
꿈꾸는 나비 한 마리

나에겐 그릴 수 없는
유리같이 맑은 소녀
간절히 바라보면 안타까운 우상偶像처럼
네게 영원히 다가설 수 없다

이녁의 가슴에 흐르는
버릴 수 없는 꿈

이제 그대의 기억에 나는 너무 멀어서
결코 그대 미래의 방향일 수 없는
은일의 연인일 수밖에 없다

가까이 두고도 안을 수 없는 고운 향기처럼
초월하며 살아가는 그리운 풍경으로
조용히 그대의 그림자를
남겨 놓는다

탑동塔洞의 바람

그곳에 가면 언제나
색색의 바람이 분다
밤하늘엔 그림 같은
유성流星의 바람
수평선을 넘나드는
은빛의 바람
분주한 거리에는
거대한 China의
황색의 바람
중년의 내 가슴엔
보랏빛 상념의 바람
바람이 인다

그 바람 영원히 멈추지 않고
잠 못 이룬 내 마음
조각나 흔들린다면
용두암의 이글거리는 불꽃으로
타오르는 붉은 등대의 강인함으로

탑동에 부는 바람을
조금만 잠재우고 싶다
더러는 시린 내 마음의 바람도
온유의 섬으로 보내지리라

늦봄의 어느 날 나는 보았네
바람 부는 극락강변 제주갈치집
탑동 아줌마의 환한 웃음에도
따뜻한 고향의 바람이
조용히 불어오는 것을…

제2부 언젠가 강릉江陵

강릉 가는 기차

철암, 구절리행 열차가 떠나고
안동 가는 남행기차마저
울고 가버린
붉은 등불이 애처로운 23시
거기 청량리 발 강릉행
주인 없는 10호차 1호석에 기댄다

차창 너머 플랫폼엔
두 개 불빛 다정한데
역전 광장 길엔
나를 떠난 그림자 하나 쓸쓸하다

양수리 넘어 북한강을 돌고 돌아
원주 제천 영월 지나
기차는 무사히 태백산을 넘을까?
정동진에 해는 다시 떠오르고
강릉은 지친 나를 기다려 줄까?

이제 자리마저 내어 주고
두 다리는 무거운데
간이역을 지나쳐 버리는
기차는 강인하다

섣달 그믐날
강릉 가는 마음은
알 수 없이 똑딱거린다

(1987. 6. 22.)

언젠가 강릉

언젠가 강릉, 꿈꾸는 신새벽에
분꽃마냥 아침이면 더욱 고웁다던
동해바다 멀리, 너 그리운 강원도아가씨

귀밑머리 춤을 추는 정열의 짚시치마
님프처럼 휘날릴 제
빛나는 두 눈은 겁먹은 눈물샘
유혹에 물이 잠긴 붉은 입술
내 말은 언제나 듣지 않는다는
검은 드레스에 감춰진
환상의 작은 섬

우리 그날 한 잔 꽃술에 취해
내 품에 안기어 울던
그 어듭던 꽃그늘 아래
내 심장의 꽃, 생명의 꽃 가득 안겨
약속의 땅 금강산행 열차에
남몰래 태워 보는

너 마음대로 떠나가는
나의 아가씨

언제나 우리는 혼자가 아니듯
그렇게 청춘 같은 별 또한 아니거늘
잔바람에도 말없이 꺾인다는 너는
남의 집 담장에 핀
안타까운 운명의 이쁜 꽃
이제는 돌아오지 않는 세월이 흘러
아쉬운 봄날의 꽃

저문 밤 잊고 싶지 않는 망각의 시를 남기며
돌아서 먼 하늘 바라다보는
그냥 너를 보내야 하는 나는 지금
허무의 영혼, 영원의 Vegabond
그대 첫사랑의 덧없음이여

(1987. 11. 14.)

그믐날

저물어가는 우리 해는
꽃 지는 산자락
봄빛을 그리며
또다시 오고야마는
진달래 꽃청산을 기다리는
그런 나날의 간절함으로
있어야 하네

그 여름 인삼 향기에
마음을 주고
국화꽃 시새워 피는
동네 어귀
청랑한 사랑 못 잊어
방황하던 가을날도

이 겨울 흩날리는 눈송이에
신화神話처럼 묻어 두고
오늘 저녁 놀 그림자에

허튼 웃음 짓는
그믐날의 바보가
되어보네

(1987. 12. 30.)

그날, Royal cafe

새벽 3시의 적막에
사생아처럼 빈방에
마저 누우면
세상의 끝을 찾아 헤매는
허무의 머리맡에
약속한 꽃이 핀다

하룻밤 빛나는
혼돈의 무도가 끝난 뒤
잊히지 않아
그 골목을 다시 찾는다

새벽 coffee 한 잔에
목을 축이고
생각해 낸 거리
거짓말로 나를 맞는
cafe의 종소리

믿던 그대 보이지 않는 날
슬픈 나를 떠나지 않는
시련의 찬바람이여

그대 헛된 시간을 버려라
넌 그래도 시들지 않는
내 아픈 기억의 화원花園이 되리라

태양의 거리에라도
다시 피우고 싶은
젊은 날의 정인情人이여
아름답던 그 밤
잠 못 들던 여인이여

(1988. 1. 10.)

사월四月을 가네

아지랑이 아련한
사월 청명淸明 시절에
봄빛 실려 흘러가는
저 박사薄紗 치맛자락을 보라
나, 꿈인 듯 따라가네

오색의 꽃댕기는 어린 날을 수놓으며
나, 애타는 마음
흩어진 옛 꿈을 찾아
길을 나서네

달래 삘기 미류나무 언덕길 따라
아득히 저무는 봄날을 걸어
홀로 웃는 고향꽃을
찾아서 가네

저 건너 초록별이 불을 켜는
정다운 주막집 아래

보일 듯 그대 모습
불러보아도
그 길 가시네

먼 길 가리키며 꽃그늘 따라
나 그냥
취한 듯 꿈이런 듯
사월을 가네

(1988. 4. 5. 病院 新報)

그 눈물 지나

그 눈물 지나
내게도 가난한 시절
20년 전의 눈빛
누가 있어 내 유년의
눈물의 의미를 알랴

지금 허무한 나의 사랑은
깨어지고
가슴으로 그릴 수 있는
여인이 있다는 것
다시 찾은 내 청년의
꼬마 아가씨
순진무구한 소녀

이 세상에서 가장 슬픈
눈을 한 너
난 말이 없는 남자
너의 소리는 마음으로 듣고

내 자신을 속이며
누군가를 사랑하진
않으리라며
다시 시끄러운 세상에 나선다

너 아무거나 주고 싶은 걸로
나 단숨에 받아
기쁨이 강물처럼 흐르는
아름다운 세상
만들어 간다

(1988. 4. 30.)

청이

무거운 머릿속에 세계가 돈다
내 머리가 무질서의 지구를
벗어나려 돈다
나는 꿈속에 하늘을 가고
어둠 속에 꿈을 묻는다

밤 같은 세상의 거칠음도
아픈 철학 속에 저만치 가고
청이 가슴에 울며 날아온
열일곱의 낭만도
구름 낀 현실에 노래로 묻는다

파랑새 날갯짓하는
아스라한 봄 강물 너머
우리 청이 그리움 심어두고
청이 노동하는 역사를 기록한다

허나 또 다른 저 세계의 나는

높아가는 이 세계의
웃음과 안락 속에
소스라쳐 놀라 죄를 감추는
밤을 타고 도망가는
청이 행복 몰라 하는
공범자이어라

(1988. 8. 28.)

장미

먼 곳에서 어느 날
붉은 장미 한 송이
가만히 향기 묻어
내 가슴에 꽂혔네

오늘 장미한테서
전화가 왔네
그리운 말 다 못하고
장미의 울음은
내게서 멀어져 갔네

지금 난 말없이
그녀 가슴에 묻혀 붉게 우는
장미 한 송일
꺾어야 하네

하지만 언젠가는
장미는 붉은 장미는

그녀 치마에 하얀 치마에
그때처럼 그리도
붉게 피어나겠지

저녁 바람이 분다
꽃비가 오려나
어서 장미한테 가
고운 향기 한 잎 젖지도 않게
어제 찾은 우산 밤새도록
펼쳐 줘야지

(1989. 6. 13.)

동해의 병원에서

산모퉁이 돌아
동해선 밤기차는 바다를 건너가고
나는 병원 마당 놀 지는 벤치에 앉아
불빛 아래 떠나가는 한 여자를 그린다

모호함을 실은 마지막 앰뷸런스도
안개 속에 떠나가고
불 꺼진 정신병동의 하얀 그림자
홀로 서 있다

8월의 무거운 바람을 머금고 실려 온
아쉬운 파문의 꼬리 너머
금단의 숙사宿舍에 불이 켜지면
평정의 가슴에는 일순 종이 울리고
남아 있는 의식은
한여름 밤의 낯선 삽화를 그린다

새벽이 물러가도 엊저녁의 풍경들은

지워지지 않고
나는 식어버린 정원의 이끼 낀
돌계단에 앉아
나와 함께 외로운 꽃 한 송이 피워 낼
내일의 시간을 찾아내고 있다

그래 아름다울 나의 사람은
오늘은 미완성이다
내가 한 여자를 사랑할 수 있다면
멀리 정지된 수평선이 그림같이 다가와
나를 부르고
나 동해바다 푸른 물결에
웃으며 잠겼을 게다

(1989. 8. 29.)

강릉 길

코스모스를 시샘하며 다가오는
하늘 높던 9월 어느 날
꿈을 파는 한 여자의 연민을 짊어지고
까닭 없이 맘 졸이며 한 가닥 희망 찾아
동쪽으로 간다

나는 이 시리도록 저미는 계절 9월에
그 짧은 시간 마주친 한 여자를
운명이란 이름으로 만나
홀로 무심하여 알 수 없는 그리움에
약속 없는 강릉으로 다시 떠난다

기다려 돌아가면 쪽빛 하늘 고운 길이
다홍치마 어여뻐 날 기다려 반길 텐데
나는 어이 외로운 강릉 길
가쁜 숨 몰아쉬며 무얼 바라 달리는가

대춧잎이 붉게 반짝이는

대관령 입구 어흘리에서
울며 보낸 그대를 다시 보았네
떨리는 하얀 손목 숨겨진 무명지無名指에
빛나는 그 언약을 읽고 말았네

나 그 어리석고 부끄러웠던 9월 어느 날
흩어진 기억들을 허공에 날려보내고
모호한 몸짓으로 침잠하면서
황량한 구비구비 대관령 길을
처량한 달빛 따라 다시 넘었네

하얀 사슴처럼 예뻤던 그대여
가장 무덥던 날 이제 갔으니
그대 곱고 아름답던 그날의 풍경으로
돌아가리라
행복하시라

(1990. 9. 20.)

이월梨月에서*

내 이제 몽환夢幻의 산
망각의 길목을 지나
멀리 낯익은 밤을 걸어
배꽃 향기 달빛 날리어지는
옛 여인의 집 앞에 섰네

그 언제인가 따스한
4월의 햇살이 내리는
내 수채화 빛 유년의 꿈
아스라한 기억의 저편
젊은 타인의 품에 안겨 흐느껴 울던
빛나는 검은 머리, 흩날리는 꽃 이파리
안타까운 하이얀 첫사랑의 여인
속절없는 그 이름은 누구였을까?

잊혀진 봄날
아쉬움에 흘러든 내 영혼의 정원
말없이 멀어가던 청녹두 치맛자락

그 옆에 한 점 연듯빛 꼬마요정
나의 옛 여인은
영원의 나라 테스
꿈꾸는 주홍글씨였다네

* 진천군 이월면梨月面 송림리에 '이월의원' 간판을 걸고.

(1991. 4. 15.)

봄비

나를 배신하며 찾아온
봄비의 나라 2월 어느 날
내 가슴속에서 겨울바람이 불어온다
그것은 잃어버린 그리움을 갈구하는
아쉬운 바람이다

오늘을 산다는 것, 이 밤을 확인한다는 것
얼마나 고마운 일이냐
봄비 찾아오는 이 밤은
아득한 이국異國에서 오는
낯선 풍경인가

(1991. 2. 10.)

나의 소리

고독이 내 마음 밤새 아프게 하여
이 세상의 내가 있음 잊지 않으려
돈 주고 못 바꾸는 청동 나팔을 샀네

어떤 나 같은 홀로 외로운 사람 있어
나의 소리 외면치 않고
내 앓는 가슴 뜨거운 트럼펫 소리
잊지 않고 울려 주려나

수평선처럼 젖어오는 과거와 미래 속에
나의 소리 기억해 줄
이 세계의 어떤 역사는
또 없는 걸까?

(1987. 8. 15.)

안성 의료원에서

달도 별도 뒤뜰에 내려와
꿈을 꾸는 조그만 도시의 병원 응급실
세상이 잠들어 있을 때 나는 깨어
영혼의 꽃밭에 시詩를 내린다

아름답도록 외로웠던 밤을 보내고
푸른 석류가 아침을 맞는 4월의 변방에서
엊저녁의 조용한 축제가 깃든
꽃밭에 그리움의 물을 준다

절묘한 아침의 햇빛과
진달래꽃의 붉음과
피지 않은 개나리의 푸름과
졸리운 현재의 어울림

그러나 한낮 태양의 열정에
착한 꽃들은 시들고
아지랑이는 가라앉고

아픈 내 가슴엔 알 수 없는
적막이 드리워진다

잠시 옮겨져 온 나무들과
시멘트 운동장의 삭막한 부조화에
나는 당직실 귀퉁이
낡은 벤치에 홀로 서서
말없이 가라앉는 마음을 기댄다

(1993. 4. 5.)

꽃 피면 반가운 날

꽃 피면 반가운 날
봄은 혼자라는 것을 두렵게 한다
언제인가
안개는 잠자고 꽃들이 흔들릴 때
내 젊은 날의 초상肖像이
빛바랜 도화지에 펼쳐진다

꽃 지는 밤하늘
수박꽃 피는 남쪽 포구로 달리고 싶다
거기에는
내 사랑과 꿈의 초록별이 뜰 때
내 자유는 열리고
영혼은 사월의 장미로 피어난다

(1991. 4. 16.)

부딪히는 사람마다

부딪히는 사람마다
의미를 주지는 말자
사랑이 이렇게
밀물처럼 시작된다면
우리는 해변이 잠들면
다시 떠나보내야 한다

이 세상에 단 하나뿐인
나 자신을 믿을 수 없다면
우리는 더 외롭게
기다려야 한다
첫눈 내리는 이 밤 이별은
나에게 아름다운 성장을 가져다 준다

(1991. 11. 8.)

오랜만에 이름을 불러봅니다

오랜만에 이름을
불러봅니다
오늘 나는 그 빛나는 30대의 초입初入으로
혼자 들어가고 있습니다

아침나절 동해東海 보건소로
전화를 해보았습니다

청마靑馬가 통영우체국 계단을 맴돌았듯
나도 그리운 목소리를 차마 듣지 못하고
말없이 수화기를 놓았습니다

청춘의 방랑자 마르시아스 심沈*이 노래하던
묵호의 바다와 바람은 아직 잘 있는지요?
언덕배기 신의 아그네스**는 지금은
가버린 역사에 자리를 내주었겠지요?

참 어젯밤이었습니다

붉게 물든
대관령 아흔아홉 구비 너머
꿈같은 무지개가 뜨고
그 빛 너머 그림 같은
미스 김 라일락이
아스라이 그대처럼
눈이 부셨습니다

* 묵호를 사랑한 심상대 작가의 필명.
** 묵호 언덕배기 카페의 이름.

(1995. 5. 15.)

묵호

동짓달의 강원도가 눈보라에 파묻혀도
가까웠지요
6월의 붉은 태양 동해바다 끓게 해도
그냥 가까웠지요

수묵화의 먹 향기가 쪽빛 하늘 물들이면
그만 묵호墨湖에 갇히고 말았지요

해 저무는 해변 등대 치자꽃 필 때
사랑은 하나가 아니라던
소녀는 떠나갔지요

어쩐답니까
여기는 남녘 빛고을
진달래꽃 폭포 되어 무릉계를 수놓아도
망상의 은빛 모래 푸른 별에 덮인대도
태백산 너머 동쪽 항구는
이제 먼 곳이지요?

먼 곳에 있어 그리움인가요
그리운 것은 멀리 있음인가요?
안개 젖은 대관령에 찬바람 불면
묵호로 황태 한 마리
사러 가지요

축제의 날

나리꽃 곱게 피는 아침의 교정
우린 조용히 춤을 추며 만났네
캐나다 시민권을 가진 한국 여인
축제의 사람들은 그녀를 예뻐했었네

집시치마 날리며
그렇게 자유이고
사상은 열렸네
조금은 철학이고
푸른 옷은 민주이고
내미는 하얀 손은
원시의 정화였어

빗길을 지나 카페에서
아쉬운 꿈속에 모습을 바꿔
그렇게 말없이 갔어

화려한 나리꽃잎 빛 잃은 저녁

여름 꿈 남겨 놓고
나도 떠났네

(1987. 7. 7.)

7월의 꿈

춤추는 장사壯士가 꽃을 파는
꿈의 시간

밀밭처럼 다가오는 여인의
숨바꼭질 사랑

오색의 구름이 꽃술 빚는
비밀의 정원

7월은 평등의 꽃이 피어나는
고귀한 계절

(1985. 7. 9.)

제천堤川에서

조차장 부근에서 바라다 뵈는
의림지義林池의 하늘은 언제나
무지개 빛이다

시멘트 공장의 굴뚝 사이
붉은 노을 내리면
영월 쪽 산 너머로 회색의 석탄차
푸른 달빛 따라 사라져간다

지금 그리운 단양 길에
안개처럼 기적이 우는데
솔밭길 초록이 하양이는
어제 본 아이처럼
은하수에 젖어서 온다

(1986. 5. 11.)

서울역, 새벽 3시

잿빛 광장엔
은회색 머플러를 한 여자가
안개처럼 세상을 걸어 나와
아득한 풍경이 된다

밤이 오는
남쪽을 향해
마지막 기차는
고독한 그림자를 감춘다

달빛은 홀로 푸른데
고향의 간이역엔
서리 맞은 들국화
아직 날 기다릴 텐데

서울역 청동 시계탑에선
새벽 3시의 별빛이 하나
내 품에 가만히 흘러든다

도시의 마음

바깥에는 태양의 음모가 진행되고
길들인 대지에선 박수가 피어난다
침잠 속에 갇혀 있는
화려한 도시의 마음은 회색빛이다

길들여지지 않는 사람들은
더러는 도시를 떠나고
혹은 도시의 이방인으로 남는다

마음이 아픈 사람들도
마음이 선한 사람들도
모두 회색빛 도시를 그리워하지 않을 때
태양의 웃음은 거리에 넘친다

떠나간 사람들이 꿈을 찾아 돌아오는
슬기로운 도시의 계절이 다시 오면
은하수를 들러 온 바람은
대지에 푸른 마음을 입힌다
(1987. 5. 8.)

제3부 계마리桂馬里 앞바다

계마리桂馬里 앞바다

동백꽃 내던지며 몰래 떠난 백사장
30년 너머 그때 바람이 부는
나 돌아가리라
해당화 꽃 붉은 계마리 앞바다

은모래 솔바람 소리 걸어 십 리 길
핵광核光 내리는 해수욕장은 저만치 있고
해변 찻집의 여자만 나를 반기네

물 말아 보리밥에 굴비 고추장
누가 있어 내 유년幼年의 꿈 말하여 줄라나

꽃 피는 봄, 나 영원한 휴가를 찾아
돌아 돌아가리라
그 바다 꿈꾸듯 일어나
굴비내음 갯내음 사람에 젖는
정도 깊은 선한 곳
반달의 모래밭에 나는 들라네
(1988. 11. 5.)

영광灵光에서

푸른 달 푸른 안개 놀 지는 칠산바다
일만 송이 꽃무릇
하염없이 지는 날
수은 강항, 조운이 그댈 부르면
정 많은 영광 사람들은
불갑사佛甲寺 일주문에 기대어
시인이 된다

파시波市의 꿈 밀물지는 연무 어린 낙월落月에
한 조각 붉은 해
미인처럼 걸려 오면
내일 그대의 하늘엔
동화 속 그림 같은 반달이 뜨리니
영광이여 별처럼 있어라
거기 전설처럼 고이 빛나라

불면不眠의 밤

사랑을 잠재워
네 불면의 꽃을 피우게 해
한 송인 네 방에 꽂고
남은 송인 잠 못 이룬 밤과
함께 있게 해

마음이 좇아나간 거리 모퉁이
싹트는 땅거미에 가난을 묻고
신새벽을 알리는 태양의 고귀함을
가슴에 품는다

이제 머리에 꽃을 꽂고
불면의 방을 벗어나
긴 꿈 흩어져 떠나가는 거리에
내일을 기다리는 사람들의
꿈을 피어나게 한다

(1977. 4. 29.)

칠암리七岩里

구름 핀 언덕 너머
땅거미 지듯
새벽 눈이 저려 온다

애틋함은 격정을 이겨 내고
이태 동안이나 묵혀 둔
희미한 약속을
기억해 낸다

오래된 시골의 완행버스
먼지 덮인 차창 너머
칠암리 그 여자네 집

남루한 초가의 매력이
그만 꿈꾸듯 사라져
시오리 황톳길이
오늘따라
멀게만 보인다

(1977. 5. 5.)

법성포

라일락 꽃향기가
서쪽 하늘에 짙어 오면
나 낯익은 조선朝鮮의 포구로
떠나가려 하네
거기 부용창芙容倉* 앞바다에 강진배 들어오면
북소리는 분주하고 진성鎭城 수군 흥이 났네
주막집 아가씨들 꽃단장 곱게 하면
뱃고동은 울리고 파시波市는 화려했네
꽃향기에 취하고 옛 영화에 젖어서
나 그만 가는 시간 잊고 말았네

오늘은 오월 단오 날
와탄천 수달은 못 내려온다네
수문이 막혀서
칠산바다 금빛조기 못 올라온다네
뱃길이 막혀서
사람들은 없는데 갈매기는 끼룩끼룩
숲쟁이 하늘엔 오색기만 펄럭이네

언제인가 모래미 해당화 꽃
노을 길을 덮을 때
나 다시 법성포에 가봐야겠네
돔배섬 돌아가면
조기 새우 아기수달 갈매기가 춤을 추고
불 켜진 항구에는
연락선 통통배 사람이 가득
언덕배기 선창가엔
굴비 굴비 굴비가 가득

나는 그렸네
갯내음 숨을 쉬는 청년의 포구를
푸른 별빛 쏟아지는
아름다운 포구를…

* 부용창 : 고려시대에 영광에 설치된 조창漕倉.

은혜의 땅

내가 처음 사랑한 여인
은혜의 하나된 가슴은
내 눈에 이슬이 맺히도록
부끄러워 눈을 감고
그가 나를 맞을 때
은혜의 빛깔은 숨 쉬는 자유

술내음 담장 너머 푸른 기와집
쉬지 않는 꽃그늘에
두꺼운 비정은 깊어 가는데
문득 닫혀진 내 망막에
섬광이 맺히며
나의 가슴을 짓누르는 무심無心의 그림자

나의 인도주의 위선의 갈등
밤거리에 외쳐지는 잊혀진 아이들
눈물 속에 꿈을 묻고
그래도 소중한 꽃은 피고

꽃순이 우리 은혜 가슴에
합창되어 흐르는
숨겨진 백합의 격정

(1988. 11. 13.)

삼월 열사흗날

삼월 열사흗날
활메 뒷동산에
한 마리 뻐꾹새 슬피 울면
하늘 가신 울 엄마 무덤가에
홀로 핀 할미꽃 하나 외로워라

그날처럼 앞산에는
진달래꽃 붉어지고
햇빛 좋은 텃밭에선
산수유 노란 꽃 곱게도 핀다

농바우 보리밭엔
우는 아이 기다리는
서러운 문둥이 전설이 숨어 있고
추석날 달밤이면
오색그네 펄럭이던
자태 고운 뒷들 소나무는
올 봄의 풍경에도

백년처럼 서 있구나

지금 좋은 것 옆에 두고
가진 것 쌓였어도
언제나 허기져 우는 것은
어느 해 사월인가
동구 밖 떠나올 제
막내아들 길 떠나는 손목 잡고
허리춤에 꿰어 주신
젊어 가신 우리 엄마
이천 원 사랑이리

푸른 별빛이 눈물처럼 내리는
삼월 열사흗날 밤
아득한 별나라 계실
어머니가 보고 싶다

(1989. 5. 15.)

가을운동회

큰북을 두드리며 꽹과리 울리며
우리는 달리고 상모는 돌아간다
만국기는 신이 나고 버꾸는 춤을 춘다

월랑산 하늘 밑 소풍 가는 길
대마동국민학교 가을운동회
만세 소리 드높고
아이들의 웃음은 날아오른다

9월 이맘때면 가을은
소리 없이 나를 맞는다
과거의 아이들이 가고 없는 교정엔
가슴에 안기는 플라타너스 한 그루
붉은 노을 젖어서 홀로 곱구나

예전처럼 가을꽃은 곱게 피건만
지나간 어린 날은 멀기만 하다
9월 이맘때면 한번은

그날로 달려가는

그때의 소년이 된다

(1987. 9. 30.)

나그네

아직
백제百濟의 꽃잎은 지지 않았는데
당신은
열두 줄기 갈라지는 빗물에
푸르름을 받아내고
오뉴월 어둡던 담벼락
솟구치는 물보라 속에서
당신의 눈빛이 붉어진 의미를
찾아내고 있습니다

천千의 세월을 지샌
기와집의 뜨락에
세 쪽으로 붉어진 석류알
그 알알이 맺힌 한恨을
서럽게 씹고 있는 밤에
붉은 저고리의 여인은
여전히 잠들어 있습니다

그 곱게 이어지는
젖무덤의 숨결 곁에
또 한 장의 일월日月이
빛을 잃어가고 있습니다

(1975. 7. 10. 〈전남일보〉)

겨울 청년

1977년 5월 4일
비 오는 토요일 오후 저녁 한때
그 한때 지나 비는 개어
개구리 울음만 청승맞은
밤으로 가는 길목에
어느 겨울 청년을 그린다

남루는 예지로 꿰뚫어
찬바람이 안쓰러이
찌그러진 나무의자 새
숨을 죽이는
저녁 굶은 청년의 빛바랜 외투주머니 속
낡아버린 학생증과 구겨진 편지봉투 하나
잠들어 있다

청년은 왜 이 빛나는 계절 오월에
그것도 멀리 낙동강 끝
썰물 진 하구언 바라보면서

그의 겨울을 그려 보는 것일까?

오늘이 어둡다고 내일의 희망마저
내릴 수는 없다는 그의 다짐은
겨울밤의 차가운 반어법 속에
불밭이 되어 타고 있었다

(1977. 5. 14.)

바다는 맑은 날

바다는 맑은 날
흔들리는 마음은
젖어 한나절

빗속에 푸른 레인코트
안개진 가로등 하나
놀 지는 유리창에
그려 보았네

한 줄기 그리움
가슴에 이고
언제나 수줍어
말없는 소녀
이별 싫은 그날 밤은
못내 서성거렸네

이무지치*를 생각하며
브란덴부르크

협주곡을 듣는
아주 비가 오는 날

애련을 머금은
슬픈 눈의 그녀가
너무도 앞을 가려
새벽 오는 마을까지
비와 걸었네

* 이탈리아의 저명한 실내합주단.

(1979. 6. 15.)

전라도 가시나이

– 이용악 님의 詩에 부쳐

봄날, 보랏빛 산과 들의 열광으로
다시 피어나
언제나 붉어 하이얀 사랑이고 싶은
그대 마음은
정열을 알리는 그리운 남녘
꽃 붉은 열아홉 가시나이의
흔들리는 꿈

슬픈 눈 그리메 너머
꿈빛 숨결 녹아나는
나의 조선 여인 같은 당신은
꽃의 환희, 꽃의 고독

순정과 비밀의 정원 멀리
기억의 푸른 강물 지나
녹을 듯 흐르는 슬픔 같은
연민의 여인의 하늘

꽃의 순수함으로 맞고픈 나의 아가씨
수려할 것 같은 전라도의 물빛과 바람으로
잊혀 지낸 유년을 다듬어
아름다운 여인으로 축복 받는
누리의 온유함을 맞이하시라

붉은 해 잠들지 않는
사계절 푸른 변방의 바닷가
따스한 세상의 불빛 하나
홀연히 흘러들어 미소 지으면
오늘 꿈꾸는 나의 하늘도
그대 마음속에 붉고 싶어라

(1984. 5. 15.)

희극喜劇

사람이란 움직이는 것
생각 속의 동물도
마찬가지라
비열한 웃음
그리고 역전逆轉

한 가엾은 여자의
어긋난 회로에
측은한 수레바퀴

생각지 말아라
내 사랑은 저곳에 있고
나의 꿈은 아직 푸르고 넓고
고귀할지니

머리 아픈
한 하루를 보내면
내가 사는 이 세상은

희극이어라

(1986. 8. 9.)

월요일

월요일은
제멋대로 사는 사람들의
괴로움이다

월요일은
타버린 아픔을 묻고
욕됨을 뒤로 하고
되바랜 꿈을 심는다

월요일은
가슴에 불덩이 한 짐 짊어지고
욕망의 거리에
밀려 나간다

(1986. 8. 11.)

가을 꽃

가을 꽃잎은 이슬이다
이슬은 겨울을 기다리는
처연함이다

가을 꽃잎은 그믐달이다
그믐달은 외로운 마음에 뜨는
그리움이다

혼자 피는 가을 꽃은
아쉬움이다

잡힐 듯하면서
멀리에 있는
그 이름은
가을 꽃이었다

(1986. 9. 28.)

10월 2일 1시의 비

비가 오시네
10월 2일 1시의 비가 내리네
기차역으로 달려가는
내 마음은 홀로 젖는다

무심한 밤비는 내리고
그이는 내리지 않고
유리 같은 마음은
순간 평정을 잃는다

달 없는 플랫폼엔
외로움 그림자 하나
무얼 그리 앓고 있나
약속이면 됐지

10월의 밤비는
나더러 그냥
떠나라 하네
(1986. 10. 2.)

나 가리라

나 가리라
오늘 서기 2000년
우리 초草이 열한 살 되는 날
내 고향 영산강가 주막집
꽃술을 담아
온정역溫井驛 바라보며
반도半島를 달려

그 옛날 내가 사랑한 여인
조선에 태어나
그리운 금강산 꽃 따는
열일곱 처녀
지금도 백자에 사랑 담아
혼술 빚는 곳

(1988. 11. 6.)

10월 7일

7은 정녕 행운을
가져다 주는 숫자일까?

어제는 가버린 꿈이 있었고
내일은 다가올 아픔이
기다리고 있다

그래 오늘의 7은 그냥
속절없이 보내야 하는가
7을 모르는
날짜도 잊고 사는
낯 두꺼운 미개인의 장난이
오늘 나를 슬프게 한다

희망의 끈을 놓지 않으려
애를 쓸 때마다
7은, 행운은
나에게서 멀어져 간다

그렇다, 오늘은
찬란한 10월 7일
아직 끝나지 않았다

오늘 밤 북쪽 하늘엔 7개의 찬란한 별이
어쩌면 행운의 빛을 내릴지 모르고
그 빛은 내일로 이어져
일곱 빛깔 무지개가 일곱 가지 색을 내어
내 마음 기쁨으로 색칠해 줄지
나는 모르겠다

(1986. 10. 7.)

밤의 아나키스트Anarchist

때론
저문 강에 피어나는
은어들의 노래처럼

때론
독야청청 인고하는
이 땅의 노송처럼

사람들아
우리 아나키스트들의 명패는
푸른빛으로 하자

그리하여 밀물 같은 그리움이
썰물로 물러설 때
사랑의 인사를 나누자

(1986. 10. 1.)

꿈속의 어머니

뒷산 이팝나무 꽃 그림자 드리울 때
꿈속에 피어나는 어머니의 모습은
하얀 저고리 자줏빛 고름
지나간 고운 날 추억으로 불러내는
어머니는 엄마는 먼 고향에 계시다

앞 시내 봄물이 실버들에 어릴 때
꿈속에 그려 보는 어머니의 모습은
분단장 고운 얼굴 쪽빛 머리
저녁놀 그림 같은 날 하염없이 불러보는
어머니는 엄마는 늘 가까이에 계시다

(1987. 5. 14.)

창포꽃 필 무렵

빛나는 6월의 구름 흘러가는
창포꽃 붉게 필 무렵
서울서 온 소녀는
토끼풀 곱게 엮어
시계꽃 만들어
손목에 걸어 주었네

염소가 풀을 뜯는 언덕배기에서
샘처럼 푸른 소녀의 두 눈에
훔쳐본 눈물은
알지 못할 미래의 내가 짓는
눈물과도 같아
하냥 떠나질 못했네

저녁이 되어 저문 강에 달빛 흐르면
하얀 가운 의사되어
알코올 냄새 숨이 쉬는
아름다운 사랑 지으리라던

설레이던 약속은 꿈이 되어
밤이 오는 강 언덕으로 날려보냈네

바람 같은 과거는
지금에 되돌릴 수 없어
추억으로 꽃 피우는 고향 들녘
자운영 풀꽃에 묻어두고
그 여름에 다시 생각한
나의 미래는
우리 동네 박꽃 피는 돌담길
조그만 동물병원…

어느 해인가 다시
창포꽃 붉게 필 무렵
그렇게 가슴 뛰던 날
한 눈부신 고운 여인
날 찾아왔네
우리 집 백구는 꼬리치며 웃었네

나도 따라 웃었네

(1987. 8. 15.)

영시零時의 초대

영시의 플랫폼
늙은 여자 가수가
두 손 모아 노래한다

쉰 듯한 목소리
사랑 따라 나이 따라
노래엔 추억이 한 아름
그리움의 강을 건너네

밤은 늦어가고
불빛은 사위어가는데
이제 무대는 네 차례
어린 소녀의 눈빛에 문득
바람이 인다

희끗한 노신사의 트럼펫 연주에
신명은 더욱 깊어만 간다

(1987. 5. 15.)

네거리 장터

이끼 낀 담벼락 돌아가면
빨간 소방차가 숨어 있고
전봇대 비껴간 자리엔
공의公醫진료소 빛바랜 간판이
흔들거렸다

언덕배기 공터 오 원짜리
국화빵 냄새에
다섯 살 나는 십 리 길을
가볍게 걸어가곤 했다

열두 시면 아스라이 울려오는
오포午砲 소리에
시간 모르는 우리들은 배고픔도 잊은 채
마냥 좋았다

스무 살 나던 해
차부상회가 슈퍼마켓으로 바뀌고

초가지붕이 함석판으로 치장할 무렵
읍내 다방아가씨 웃음은 짙어만 갔다

지금 흰 눈 내려 다시 찾은
그리운 네거리 장터엔
남루한 장옥 사이 서너 켤레 하얀 고무신
꽃잎보다 붉은 고창 수박의 아린 꿈만이
십 리 길 비포장도로에 여운으로 남는다

(1987. 12. 25.)

1988년 5월에

부처님 나신 날
몰래 눈물 훔치시는데
무등산 어느 산자락에
이슬 젖은 초승달
희미하게 걸려 있네

내 꿈속에서 울며 맞이했던
6·25의 화약 연기
검은 베레 총소리
'죽음을 넘어 시대의 어둠을 넘어' *
새벽 무렵 눈물 젖은 주먹밥을
쪼개 먹으며
금남로를 지나 도청 앞으로

1988년 백목련 그늘 따라
'금희의 오월' **
망월동 잿빛 산마루엔
할미꽃 하나

이제 그믐달 지고 나면
5월의 태양은 내일 다시 뜨리니
'리비도형 고이 잠드소서' ***
광주는 아직 끝나지 않았답니다

* 황석영 편저 5·18 관련 저작물.
** 박효선 연출 작, 극단 토박이의 첫 오월극.
*** 당시 희생자의 관에 쓰여 있던 글귀.

(1988. 5. 18.)

그해 윤삼월閏三月

그해 윤삼월
이팝꽃 향기 날리어지는
놀 지는 월랑산, 은둔의 십 리 길
비밀을 잠근
꿈을 꾸는 그대여

청명淸明의 시절
빛나는 서른, 혼돈의 저녁 너머
별빛 내리는 유년의 뜰
슬픈 눈을 감은
미문未聞의 그대여

전설의 바람
눈물처럼 머무는 저무는 봄날
살구꽃 마을에 꽃잎 지던 날
변방의 산그늘
홀로 가는 그대여

천지연으로 가는 기차

초판1쇄 찍은 날 | 2015년 7월 16일
초판1쇄 펴낸 날 | 2015년 7월 21일

지은이 | 이용균
펴낸이 | 송광룡
펴낸곳 | 문학들
등록 | 2005년 8월 24일 제2005 1-2호
주소 | 501-841 광주광역시 동구 천변우로 487(학동) 2층
전화 | 062-651-6968
팩스 | 062-651-9690
전자우편 | munhakdle@hanmail.net
값 10,000원

ISBN 978-89-86530-08-7 03810